mon livre de messe

Maquette : Dominique Lemonnier

Nihil Obstat
Claude Chopin, P.S.S.
Paris, le 4 juillet 1989

Imprimatur
Maurice Vidal, vicaire épiscopal
Paris, le 5 juillet 1989

Pierre Gervaise
Gabriel de Saint-Victor

mon livre
de
messe

Illustrations de
Maïte Roche

Mame

A toi, qui ouvres ce livre de messe

Ce livre est à toi

Tu vas le découvrir. Tu verras qu'il te parle de Jésus.

Tu connais Jésus

Tu sais qu'il est le Fils de Dieu fait homme, et qu'il est venu porter aux hommes une bonne nouvelle : Dieu nous aime.

Tu pries

Tu as l'habitude de parler à Jésus, de le prier. Parfois tu le pries en famille. A d'autres moments, tu le pries seul, dans ta chambre ou dans le secret de ton cœur. Tu lui confies tes joies, tes difficultés. Tu lui dis merci, tu lui demandes de t'aider, tu lui demandes pardon aussi.

Tu vas à la messe

Aujourd'hui, tu vas le prier d'une manière un peu particulière : tu vas à la messe. Tu n'es pas seul pour prier, car la messe est le rassemblement des chrétiens, c'est une grande histoire d'amour.

Dieu aime

Tu sais ce que c'est qu'être aimé. Tes parents t'ont aimé dès avant ta naissance. Toi, il y a des personnes que tu aimes beaucoup et d'autres que tu aimes moins. Et chaque fois que tu aimes, c'est Dieu qui aime avec toi. Car Dieu aime tous les hommes. Il est la source de tout amour, car il est l'Amour. Dieu aime tellement qu'il aimait avant qu'il y ait des hommes. Dieu a créé l'homme et la femme à sa ressemblance pour pouvoir leur donner son amour.

Les hommes sont libres

Mais Dieu est libre, et il a créé l'homme libre. Libre d'accepter ou de refuser son amour. Dieu aime inlassablement, et même quand les hommes rejettent l'amour de Dieu ou le refusent, Dieu ne se décourage pas. Il propose toujours à ceux qui répondent à son amour d'entrer dans leur histoire.

Dieu libère de l'esclavage

Rappelle-toi : les descendants d'Abraham étaient esclaves en Égypte. Parce qu'ils ont fait confiance à Dieu, ils ont suivi Moïse qui les a libérés. Ils ont connu la terre promise. En traversant la mer Rouge, ils sont passés de l'esclavage à la liberté. Mais les hommes oublient vite.

La Pâque

Pour se souvenir de leur libération, les descendants d'Abraham ont pris l'habitude de refaire chaque année le repas de la Pâque, ce repas qui avait précédé leur sortie d'Égypte. Le repas de la Pâque, c'est le repas des fidèles, de ceux qui n'oublient pas que Dieu les a libérés.

Jésus

Et puis Jésus est né. Dieu s'est fait homme. Jésus est venu dire aux hommes que Dieu les aime au-delà de tout ce qu'ils peuvent imaginer. Il est venu nous dire que Dieu nous aime comme ses enfants, et que nous pouvons l'appeler « Père ». Pour nous montrer l'amour de Dieu, il est allé jusqu'à donner sa vie.

Le dernier repas de Jésus

La veille de sa mort, Jésus prenait le repas de la Pâque avec ses disciples. En leur donnant le pain et le vin, il leur dit : « Ceci est mon corps livré pour vous, Ceci est mon sang, versé pour vous. » Et il leur dit aussi : « Faites ceci en mémoire de moi. » En voyant Jésus sur la croix, les disciples ne comprennent pas ce qui arrive.

Jésus ressuscité

Quelques jours plus tard, ils voient Jésus vivant : il était ressuscité. Ils ont compris alors que ce dernier repas de Jésus les libérait de la mort, et les faisait passer à la vie de Dieu.

Les disciples de Jésus se réunissent le dimanche

Le dimanche, « le premier jour de la semaine », les disciples ont pris l'habitude de se réunir pour se souvenir de la résurrection de Jésus. Et comme Jésus le leur avait demandé, ils ont refait les gestes de son dernier repas, ils ont redit ses paroles. Jésus était présent par son corps, par son sang et par sa parole. Cette présence de Jésus les remplissait de joie et de force. Ils en remerciaient Dieu. Ils rendaient grâces... Eucharistie veut dire « rendre grâces »...

Pour la messe

Et depuis deux mille ans, les disciples de Jésus, les « chrétiens », continuent à « faire mémoire » de ce dernier repas de Jésus. C'est la messe, l'Eucharistie. Nous rappelons le repas de Jésus, nous célébrons sa mort sur la croix et sa résurrection qui nous a donné la Vie. Nous rendons grâces, et nous sommes envoyés – messe veut dire « envoyé » – porter l'amour de Dieu à ceux qui ne le connaissent pas.

Qu'y a-t-il dans ce livre de messe ?

Voici un livre pour t'aider à comprendre ce qui se passe à la messe, ou le sens de ce que l'on dit.

Les gestes, les paroles, sont ceux des disciples de Jésus, parfois même ceux de Jésus lui-même. Tu verras souvent, en face de ce que dit le prêtre, ou de ce que tu dois répondre, des lettres et des chiffres entre parenthèses. Ils t'indiquent où tu pourras, avec l'aide de tes parents, trouver les mêmes phrases dans la Bible ou dans le Nouveau Testament.

Les illustrations, à chaque page, rappellent à la fois ce que tu vois à la messe, et les gestes que faisait Jésus.

Les citations de l'Évangile qui accompagnent les illustrations, te montreront que la messe ressemble beaucoup à des épisodes de la vie de Jésus, en particulier à celui de la multiplication des pains et du dernier repas de Jésus.

Tu trouveras aussi des explications, qui te disent pourquoi on fait un geste ou on dit une parole.

Au début du livre, quelques prières t'aideront à présenter ta journée, et tout ce que tu fais, à Dieu. Certaines de ces prières sont des Psaumes. C'est avec des psaumes que Jésus priait. Tu pourras utiliser ces prières pour dire merci, pour demander pardon, pour confier à Dieu tout ce qui est important pour toi. Et tu pourras aussi inventer d'autres prières, qui seront ta façon à toi de parler à Dieu.

Et puis, à la fin du livre, tu trouveras quelques pages pour te préparer à rencontrer Dieu dans le sacrement de la réconciliation.

Dieu nous aime, nous devons l'aimer aussi. Et pour lui montrer que nous l'aimons, apprenons à nous réconcilier avec lui. Pour recevoir le corps du Christ, pour le recevoir en nous, il faut que nous y soyons préparés. N'oublie pas, toi aussi, d'aller régulièrement te confesser pour être réconcilié avec Dieu.

Chanter la présence de Dieu

Le matin

Tu peux choisir entre plusieurs prières, ou faire toi-même ta prière :

– Seigneur, tu es présent et tu m'aimes.
Je prends conscience de ton amour pour moi... pour ceux qui m'entourent. Je fais silence.
Tu me donnes cette journée pour qu'elle soit belle.
Tu me fais confiance. Tu comptes sur moi pour qu'il y ait de la joie autour de moi.
Je te dis merci. Je veux être ton ami. Je compte sur ton amour pour y parvenir.

– Seigneur, tu es là. Tu habites mon cœur.
Aujourd'hui, il va falloir travailler à l'école. Je voudrais bien le faire. Mais il y a des moments où je ne suis pas attentif, où je n'ai pas de courage. C'est même parfois plus fort que moi. Alors je perds confiance. Cela risque d'être particulièrement difficile à tel moment (dis ce que tu redoutes aujourd'hui).
Seigneur, viens à mon aide. Tu connais ma faiblesse. Sans toi, je ne peux y parvenir.

– Seigneur, tu m'aimes comme je suis et tu me donnes cette journée pour que je fasse de belles choses.
Tu comptes sur moi pour qu'il y ait beaucoup de paix dans ma famille et avec mes camarades.
Mais, tu le sais bien, Seigneur, il y a des moments où les autres m'ennuient, où je suis fatigué et ou j'aimerais être tranquille.
Seigneur, viens à mon secours. Sans toi, je ne puis réaliser ce que tu attends de moi.

Dans la journée

Pour louer le Seigneur, avec toute la création

Toutes les œuvres du Seigneur, bénissez le Seigneur.
Vous, soleil et lune, pluie et vent, chaleur et froid,
Rosée du matin d'été et neige de l'hiver, bénissez le Seigneur.
Montagnes et collines, océans et rivières,
Bêtes de la mer et oiseaux du ciel, bénissez le Seigneur.
Nous tous, les enfants des hommes, bénissons le Seigneur.
Bénissons le Père, le Fils et l'Esprit Saint.
Bénissons Dieu : à toi, gloire et louange éternellement.

Pour dire merci

Merci, Seigneur, je suis heureux et j'ai envie de te chanter :
Merci, Seigneur, merci !
Merci, Seigneur : il y a eu une grosse difficulté dans la classe
(ou au jeu, ou avec des camarades). Nous ne nous sommes
pas laissé aller. C'est la paix entre nous.
Merci, Seigneur, tu étais là.
Merci, Seigneur, pour la joie que tu mets dans mon cœur. J'ai
réussi en classe... on a gagné au jeu...
je suis heureux : merci, Seigneur !

Quand tu es dans la peine

– Seigneur, j'en ai gros sur le cœur. Voilà ce qui m'arrive... Je
te le confie. Je sais que tu m'aimes. Donne-moi toute la force
de ton Amour.
– Seigneur, je suis révolté. Voilà ce qu'on m'a fait... Je
déteste... Je voudrais me venger... Je sais bien que tu m'as
demandé d'aimer, mais c'est trop dur pour moi tout seul.
Alors, mets au fond de mon cœur la force de ton Amour.
– Seigneur, j'ai beaucoup de peine. Des amis, des frères ou
sœurs, mes parents ne s'entendent pas toujours. Je les aime
tous beaucoup. Et toi, tu les aimes aussi beaucoup. Alors,
mets dans leur cœur la force de ton Amour.

Quand tu connais la difficulté

– Seigneur, c'est dur de faire ce que tu demandes. Je sais bien que tu me veux pour ami. J'espère que tu me donnes ta force et qu'un jour je serai toujours avec toi.

– Seigneur, j'ai été méchant avec... (dis ce qui s'est passé). Je n'ai pas su me retenir. Pourtant, tu étais là et je sais que tu l'aimes. Je suis sûr de ton amour ; je te demande pardon.

– Seigneur, je viens de faire le contraire de ce que j'avais décidé avec toi ce matin. Près de toi se trouve le pardon. Je viens te demander pardon. J'ai confiance et je repars avec courage.

Quand tu te mets à table, et après le repas

– Bénis-nous, Seigneur. Bénis cette table et ceux qui l'ont préparée. Que ce repas mette la joie dans nos cœurs et nous rende forts pour mieux te servir.

– Merci, Seigneur, pour ces dons que tu ne cesses de nous faire. Que là où nous sommes, nous mettions ta joie en partageant ce que tu nous donnes.

Le soir, avant de te coucher

Bonsoir, Seigneur.
Tu es là, je t'aime de tout mon cœur. (Tu fais silence.)
– Merci pour cette journée.
Merci pour les joies que tu m'as données ;
merci pour les amis que j'ai rencontrés.
Je t'offre mes efforts, en classe, à la maison...
Pardon pour les moments où je t'ai oublié
pour ceux où je ne pensais qu'à moi...
Apprends-moi à aimer. Apprends-moi à pardonner.
Avant de m'endormir, je me confie à toi.
Je me confie aussi à Marie, ta mère, parce que
tu as voulu qu'elle soit aussi notre mère.
Marie, je te prie pour tous ceux qui me sont chers.
Protège-nous tous ; que nous demeurions les amis de ton Fils.

Liturgie d'entrée

« *Jésus se retira dans un lieu désert,
à l'écart. En l'apprenant, les foules
quittèrent les villes et partirent
à sa suite.* »

(Mt 14,13)

C'est dimanche.
Jésus nous invite ;
Nous allons à l'église
pour le rencontrer.

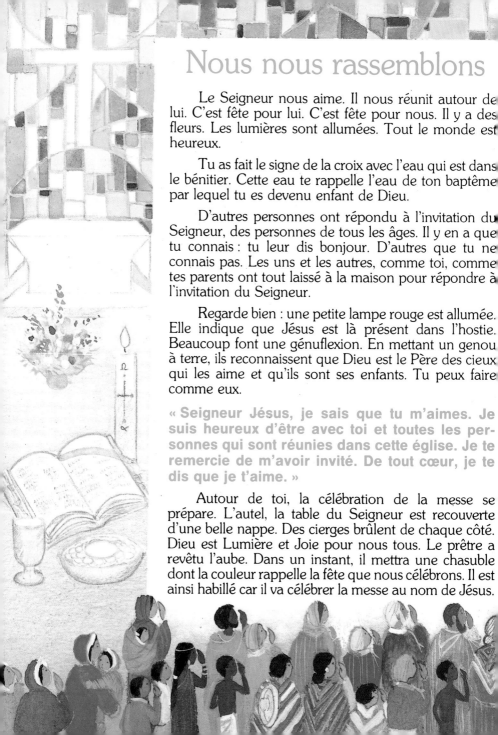

Nous nous rassemblons

Le Seigneur nous aime. Il nous réunit autour de lui. C'est fête pour lui. C'est fête pour nous. Il y a des fleurs. Les lumières sont allumées. Tout le monde est heureux.

Tu as fait le signe de la croix avec l'eau qui est dans le bénitier. Cette eau te rappelle l'eau de ton baptême par lequel tu es devenu enfant de Dieu.

D'autres personnes ont répondu à l'invitation du Seigneur, des personnes de tous les âges. Il y en a que tu connais : tu leur dis bonjour. D'autres que tu ne connais pas. Les uns et les autres, comme toi, comme tes parents ont tout laissé à la maison pour répondre à l'invitation du Seigneur.

Regarde bien : une petite lampe rouge est allumée. Elle indique que Jésus est là présent dans l'hostie. Beaucoup font une génuflexion. En mettant un genou à terre, ils reconnaissent que Dieu est le Père des cieux qui les aime et qu'ils sont ses enfants. Tu peux faire comme eux.

« Seigneur Jésus, je sais que tu m'aimes. Je suis heureux d'être avec toi et toutes les personnes qui sont réunies dans cette église. Je te remercie de m'avoir invité. De tout cœur, je te dis que je t'aime. »

Autour de toi, la célébration de la messe se prépare. L'autel, la table du Seigneur est recouverte d'une belle nappe. Des cierges brûlent de chaque côté. Dieu est Lumière et Joie pour nous tous. Le prêtre a revêtu l'aube. Dans un instant, il mettra une chasuble dont la couleur rappelle la fête que nous célébrons. Il est ainsi habillé car il va célébrer la messe au nom de Jésus.

■ Nous nous levons et nous chantons le Seigneur. Le prêtre entre, précédé des enfants de chœur.

Le prêtre nous salue, au nom de Dieu qui nous rassemble :

Au nom du Père et du Fils et du Saint Esprit

(Mt 28,19)

Avec tout le monde, nous faisons le signe de la croix et nous répondons :

AMEN.

● Comme saint Paul saluait les premiers chrétiens, le prêtre poursuit :

Le Seigneur soit avec vous. *(2 Th 3,16)*

Nous répondons :

ET AVEC VOTRE ESPRIT. *(Ph 4,23)*

● Il peut aussi dire :

La grâce de Jésus notre Seigneur, l'amour de Dieu le Père, et la communion de l'Esprit Saint soient toujours avec vous. *(2 Co 13,13)*

Nous répondons :

ET AVEC VOTRE ESPRIT.

● ou encore :

Que Dieu notre Père, et Jésus Christ notre Seigneur vous donnent la grâce et la paix.

(1 Co 1,3 ; Ep 6,23)

Nous répondons :

BÉNI SOIT DIEU MAINTENANT ET TOUJOURS.

Au nom du Père et du Fils et du Saint-Esprit. (Mt 28,19) AMEN.

Nous demandons pardon

Le prêtre nous invite à reconnaître qu'à certains moments nous avons oublié Dieu et que nous lui avons fermé notre cœur. Nous lui demandons pardon, confiants en son amour ; qu'il transforme nos cœurs et les tourne vers lui.

Le prêtre dit :

Préparons-nous à la célébration de l'Eucharistie en reconnaissant que nous sommes pécheurs.

Pardonne moi Seigneur. J'ai parfois oublié ton amour. Tu m'aimes et je sais que tu es toujours prêt à pardonner.

*A. Le prêtre nous invite à dire avec lui *(Cf. 1 Jn 1,9)*

JE CONFESSE A DIEU TOUT-PUISSANT,
JE RECONNAIS DEVANT MES FRÈRES
QUE J'AI PÉCHÉ EN PENSÉE, EN PAROLE,
PAR ACTION ET PAR OMISSION ;
OUI, J'AI VRAIMENT PÉCHÉ.
C'EST POURQUOI JE SUPPLIE
LA VIERGE MARIE, LES ANGES
ET TOUS LES SAINTS,
ET VOUS AUSSI, MES FRÈRES
DE PRIER POUR MOI
LE SEIGNEUR NOTRE DIEU.

Le prêtre dit :

Que Dieu tout-puissant nous fasse miséricorde ; qu'il nous pardonne nos péchés et nous conduise à la vie éternelle.

AMEN.

*B. Ou bien le prêtre dit :
Seigneur, accorde-nous ton pardon. *(Cf. Lc 15,18)*

Et nous répondons :

NOUS AVONS PÉCHÉ CONTRE TOI ;

« Voyant la foule, Jésus en eut pitié, et il guérit leurs infirmités. » (Mt 14,14)

« Père, j'ai péché contre le ciel et contre toi ; Je ne mérite plus d'être appelé ton fils. Traite-moi comme l'un de tes ouvriers. » (cf. Lc 15,18)

Montre-nous ta miséricorde,
ET NOUS SERONS SAUVÉS.

Le prêtre ajoute :

Que Dieu tout-puissant nous fasse miséricorde, qu'il nous pardonne nos péchés et nous conduise à la vie éternelle.

AMEN.

*A.B. Enfin, nous reprenons la prière de tous ceux qui venaient trouver Jésus : nous disons ou chantons après le prêtre :

SEIGNEUR, PRENDS PITIÉ.   *(Mt 15,22)*
Ô CHRIST, PRENDS PITIÉ.
SEIGNEUR, PRENDS PITIÉ.   *(Mt 21,30)*

*C. Ou bien le prêtre peut dire ou chanter des invocations comme :

Seigneur Jésus, envoyé par le Père pour guérir et sauver tous les hommes, prends pitié de nous.   *(Lc 6,18-19)*

Et nous répondons :

PRENDS PITIÉ DE NOUS.

Ô Christ, venu dans le monde appeler tous les pécheurs, prends pitié de nous.   *(1 Tim 1,15).*

PRENDS PITIÉ DE NOUS.

Seigneur, élevé dans la gloire du Père, où tu intercèdes pour nous, prends pitié de nous.
                    (Rom 8,34)

PRENDS PITIÉ DE NOUS.

Et le prêtre dit :

Que Dieu tout-puissant nous fasse miséricorde, qu'il nous pardonne nos péchés, et nous conduise à la vie éternelle.   *(Ep 2,4 ; 1 Jn 5,11-13)*

AMEN.

« Seigneur, prends pitié,

*accorde-nous
ton pardon. »*

*Gloire à Dieu
au plus haut des cieux...*

*Nous te louons
nous te bénissons.*

Voici l'Agneau de Dieu.

« *En voyant les signes, les foules s'émerveillaient et elles rendaient gloire au Dieu d'Israël.* » **(Mt 15,**

Comme les anges, le jour de Noël, nous disons notre joie de savoir Dieu parmi nous.

Gloire au Père

Gloire à Dieu au plus haut des cieux
ET PAIX SUR LA TERRE
AUX HOMMES QU'IL AIME   (Lc 2,
**Nous te louons, nous te bénissons,
nous t'adorons,**   (Ps 150, Ps 1
NOUS TE GLORIFIONS, NOUS TE RENDONS
GRÂCE POUR TON IMMENSE GLOIRE,
**Seigneur Dieu, Roi du ciel, Dieu le Père tout-
puissant.**   (Tb 13,7 ; Ap 11,

Gloire au Fils

SEIGNEUR, FILS UNIQUE, JÉSUS CHRIST.
Seigneur Dieu, Agneau de Dieu, le Fils du Père
                                (Jn 1,14.
TOI QUI ENLÈVES LE PÉCHÉ DU MONDE,
PRENDS PITIÉ DE NOUS ;   (Jn 1,29 ; Is 53,4
**Toi qui enlèves le péché du monde,
reçois notre prière ;**
TOI QUI ES ASSIS A LA DROITE DU PÈRE,
PRENDS PITIÉ DE NOUS.   (Mt 26,
Car toi seul es saint,   (Mc 1,24 ; Lc 1,
TOI SEUL ES SEIGNEUR,   (Ep 4,

Gloire à l'Esprit

**Toi seul es le Très-Haut, Jésus-Christ,
avec le Saint Esprit**
DANS LA GLOIRE DE DIEU LE PÈRE.

AMEN.

Le prêtre rassemble notre prière en quelques mots. Il lève les bras vers le ciel. Tu écoutes, ou tu peux lire une de ces prières :

Seigneur Dieu, tu veux que nous partagions ta vie. Donne-nous d'aimer ce que tu veux que nous aimions, que nous vivions comme tes amis.

ou

Seigneur, tout vient de toi. Emplis nos cœurs de ton amour. Resserre nos liens d'amitié avec toi. Veille sur nous. Fais grandir en nous ce qui est bon.

Emplis nos cœurs de ton amour.

ou

Seigneur, nous célébrons la fête de saint... Permets qu'à son exemple, nous soyons tes amis et de vrais témoins de ton amour.

Le prêtre termine cette prière en rappelant que Jésus nous a dit de prier son Père en son nom :

Nous te le demandons par Jésus Christ, notre Seigneur et notre Dieu, qui règne avec toi et le Saint Esprit pour les siècles des siècles.

(Jude 24,25)

Tous disent alors leur accord :

AMEN.

AMEN.

Liturgie de la Parole

■ Comme les foules qui suivaient Jésus, nous écoutons la Parole de Dieu.
■ Nous nous asseyons.

Première lecture

Souvent la première lecture est un texte très ancien de la Bible : c'est un texte de l'Ancien Testament. Il s'agit du récit d'un moment de l'histoire du peuple de Dieu ou d'un texte d'un prophète. Cette lecture nous montre comment Dieu, depuis très longtemps, s'est révélé aux hommes et les a appelés à vivre de son amitié. Jésus lisait ces textes et avait l'habitude de les commenter. Aux messes des dimanches après Pâques, nous écoutons un texte des Actes des Apôtres, qui nous rapportent la vie des premiers disciples de Jésus.

Psaume

Jésus avait l'habitude de prier avec les Psaumes. Par ces textes, dans un langage poétique, l'homme parle à son Dieu. Nous sommes invités à nous y associer en chantant un refrain.

Deuxième lecture

Au commencement de l'Église, les chrétiens rassemblés en communautés recevaient des lettres des Apôtres. Ces lettres leur disent comment vivre leur foi alors qu'autour d'eux très peu croient en Jésus.

« Il eut pitié de la foule parce qu'ils étaient comme des brebis qui n'ont pas de berger ; il se mit à les instruire longuement. » (Mc 6,34)

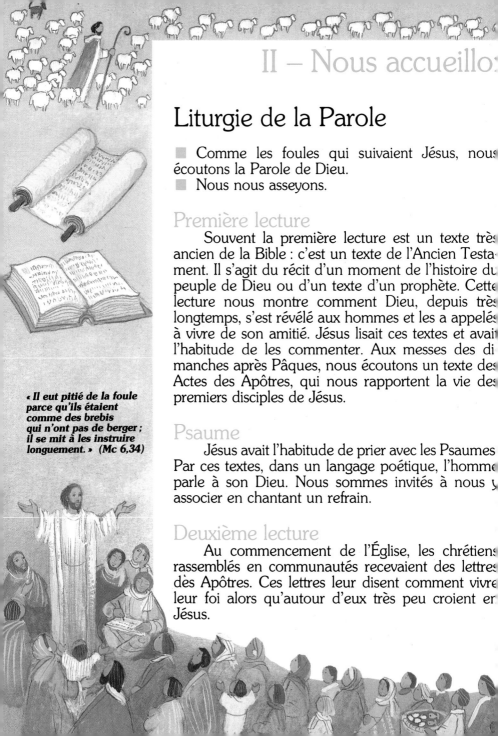

Acclamation de l'Évangile

« Les foules qui marchaient devant lui et celles qui le suivaient, criaient : Hosanna au fils de David ! » **(Mt 21,9)**

■ Nous nous levons. Le prêtre s'incline devant l'autel. Avant de proclamer l'Évangile et de commenter la Parole de Dieu, il demande au Seigneur de purifier son cœur. ● Nous chantons « ALLELUIA » ou une autre acclamation. **(Ap 19,1)**

Évangile de Jésus Christ.

Gloire à toi Seigneur.

Évangile

Le Seigneur soit avec vous.
ET AVEC VOTRE ESPRIT.

Évangile de Jésus Christ selon saint...
(nom de l'évangéliste)
GLOIRE A TOI, SEIGNEUR !

Cet Évangile, cette Bonne Nouvelle,
    Tu dois t'en souvenir,
    Tu dois le dire autour de toi,
    Tu dois l'aimer de tout ton cœur.
C'est pourquoi tu feras une petite croix
    sur ton front, ta bouche, et ton cœur.

Acclamons la Parole de Dieu.

A la fin de la lecture de l'Évangile, le prêtre élève le livre de la Parole de Dieu et dit :

Acclamons la Parole de Dieu
LOUANGE A TOI, SEIGNEUR JÉSUS.

■ Nous nous asseyons.

Homélie

« Et commençant par Moïse et par tous les prophètes, il leur expliqua dans toutes les Écritures ce qui le concernait. » **(Lc 24,27)**

Comme le faisaient les apôtres auprès des premiers chrétiens, le prêtre commente la Parole de Dieu.

Dieu, Père créateur du ciel et de la terre.

Jésus, Fils de Dieu... né de la Vierge Marie...

... ressuscité

Nous professons notre foi

■ Nous nous levons pour proclamer, comme le jour de no
baptême, notre foi en Dieu. Nous pouvons prendre l'un
l'autre des deux textes très anciens qui nous sont propo
pour dire que nous croyons en Dieu, Père, Fils et Esprit Sa
et en l'Église qui nous rassemble avec les chrétiens du mo
entier.

LE SYMBOLE DES APÔTRES : c'est la plus ancienn
profession de foi de l'Église romaine.

Je crois en Dieu, le Père tout-puissant,
créateur du ciel et de la terre.
Et en Jésus Christ, son Fils unique, notre Seign
qui a été conçu du Saint Esprit,
est né de la Vierge Marie,
a souffert sous Ponce Pilate,
a été crucifié, est mort et a été enseveli,
est descendu aux enfers,
le troisième jour est ressuscité des morts,
est monté aux cieux,
est assis à la droite de Dieu, le Père tout-puissa
d'où il viendra juger les vivants et les morts.
Je crois en l'Esprit Saint,
à la sainte Église catholique,
à la communion des saints,
à la rémission des péchés,
à la résurrection de la chair,
à la vie éternelle. AMEN.

LE SYMBOLE DE NICÉE : cette profession de foi
remonte au concile de Nicée, en 325.

Je crois en un seul Dieu,
Le Père tout-puissant,
créateur du ciel et de la terre,   *(Ac 1*
de l'univers visible et invisible.

Je crois en un seul Seigneur, Jésus Christ,
le Fils unique de Dieu,   *(1 Co*
né du Père avant tous les siècles :   *(Jn*

Il est Dieu, né de Dieu, lumière, né de la lumière,
vrai Dieu, né du vrai Dieu. *(Jn 1,9)*

Engendré, non pas créé, *(He 5,5)*
de même nature que le Père ;
et par lui tout a été fait. *(Jn 1,3)*

Pour nous les hommes et pour notre salut,
il descendit du ciel ; *(Ep 4,10 ; Ph 2,7-8)*

Par l'Esprit Saint, il a pris chair
de la Vierge Marie, et s'est fait homme. *(Lc 1,35)*

Crucifié pour nous sous Ponce Pilate,
il souffrit sa passion et fut mis au tombeau.

*Esprit Saint
... qui donne la vie.*

Il ressuscita le troisième jour,
conformément aux Écritures, *(1 Co 15,4)*
et il monta au ciel ; *(Mc 16,19)*
il est assis à la droite du Père. *(Ep 1,20-21)*

Il reviendra dans la gloire, *(Tite 2,13)*
pour juger les vivants et les morts, *(2 Tim 4,1)*
et son règne n'aura pas de fin.

Je crois en l'Esprit Saint, qui est Seigneur
et qui donne la vie ; *(Rom 8,11)*
il procède du Père et du Fils ;

Avec le Père et le Fils,
il reçoit même adoration et même gloire ;
il a parlé par les prophètes. *(He 1,1)*

*Oui, je crois.
AMEN.*

Je crois en l'Eglise, une, sainte,
catholique et apostolique. *(Ep 2,20-22)*

Je reconnais un seul baptême
pour le pardon des péchés. *(Ep 4,5 ; Ac 2,38)*

J'attends la résurrection des morts,
et la vie du monde à venir. AMEN. *(1 Co 15,12-20)*

Nous répondons

Priè

Le Seigneur aime tous les hommes comme il nous aime. Ensemble, nous lui confions les peines, les soucis, les joies et les espoirs des uns et des autres.

Tout d'abord le prêtre nous invite à prier. Puis Après chaque intention l'assembl

**SEIGNEUR, ÉCOUTE-NOUS ;
SEIGNEUR, EXAUCE-NOUS.**

– Nous prions pour l'Église ; qu'elle porte la Bonne Nouvelle partout dans le monde.

– Pour le pape, les évêques, les prêtres ; qu'ils soient de bons pasteurs.

– Pour les chrétiens ; que leur foi, leur charité, leur espérance soient fortes et qu'ils soient de vrais témoins de l'Évangile.

– Pour ceux qui ont accepté des responsa-bilités : qu'ils soient forts et courageux.

– Pour les hommes qui souffrent de la guerre, de l'injustice, de la pauvreté.

– Pour ceux qui sont persécutés au nom de Jésus.

– Pour les malades ; qu'ils ne perdent pas courage.

Chacun à ce moment form
Tu fais de même da
Puis le prêtre conclut notre pri
■ À la fin de la priè

« Partout, où il entrait, villages, villes ou hameaux, on mettait les malades sur les places ; on le suppliait de les laisser toucher seulement la frange de son vêtement ; et ceux qui le touchaient étaient tous guéris. »
(Mc 6,56)

Parole de Dieu

niverselle

D'autres jours, nous le remercions pour tout
ce qu'il fait pour chacun de nous, et nous lui
demandons de nous aider à mieux l'aimer.

sonnes viennent exprimer les intentions de prière
inte, par exemple :

**TERRE ENTIÈRE, CHANTE TA JOIE
AU SEIGNEUR, ALLELUIA, ALLELUIA.**

*Seigneur,
écoute-nous.*

Seigneur, nous te remercions

    – Parce que Jésus nous aime et qu'il ne
cesse de nous le dire par son Église ;

    – Parce qu'il nous confie à la Vierge Marie,
sa mère, pour qu'elle veille sur nous ;

    – Pour les saints ; celui que nous célébrons
aujourd'hui ; au cours de l'histoire, ils nous ont
montré le chemin de Jésus ;

    – Pour tous ceux qui, aujourd'hui, nous
montrent l'amour de Jésus et nous permettent
d'en vivre ;

    – Pour ce que nous avons fait de bien et de
beau ;

    – Pour le pardon que Jésus ne cesse de
nous donner.

intentions personnelles.
lence de ton cœur.
ous chantons ou disons : AMEN.
verselle nous nous asseyons.

*Seigneur
exauce-nous.*

Nous devons tout au Seigneur, son amour pour nous est sans limite. Il nous faut lui rendre grâce, lui dire que nous l'aimons.

Au cours de l'histoire, nos ancêtres dans la foi (le peuple hébreu) ont célébré le premier passage du Seigneur, la première Pâque avec du pain sans levain. Par la suite, chaque année, ils faisaient mémoire de cette Alliance entre Dieu et son peuple.

Le Jeudi saint, Jésus pour rendre grâce à son Père a pris du pain et du vin. Il nous a invité à faire de même. C'est la Nouvelle Alliance.

Nous apportons nos offrandes.

« Le soir venu, les disciples s'approchèrent et lui dirent : l'endroit est désert et l'heure est déjà avancée ; renvoie-les afin qu'ils aillent dans les fermes et les villages d'alentour s'acheter de quoi manger. Il leur répondit : Donnez leur vous-mêmes à manger. Ils dirent : Faudra-t-il que nous allions acheter des pains pour deux cents deniers, afin de leur donner à manger? Il reprit : Combien de pains avez-vous? Allez voir. » **(Mc 6,35-38)**

A l'offertoire, nous apportons nos joies, nos peines, nos efforts et nos résolutions, et nous les offrons en cadeau à Dieu.

Autrefois, on apportait aussi les produits de la terre, des légumes, des animaux, des œufs, du lait, qui servaient à nourrir les prêtres et tous les pauvres auxquels ils redistribuaient ces dons.

Maintenant, des chrétiens apportent nos offrandes. Ils peuvent s'avancer en procession apportant fleurs, pain, vin, l'offrande de la quête signifiant notre travail, nos efforts, notre amour de Dieu et des autres.

« Un des disciples, André, le frère de Simon-Pierre dit : il y a là un enfant qui a cinq pains d'orge et deux poissons, mais qu'est ce que cela pour tant de monde »
(Jn 6,8)

Seigneur, voici mon offrande.

on corps et son sang

Eucharistie

Le prêtre prend le pain. Il l'offre au Seigneur en disant :

Tu es béni, Dieu de l'univers, toi qui nous donnes ce pain, fruit de la terre et du travail des hommes ; nous te le présentons : il deviendra le pain de la Vie.

(d'après Hippolyte de Rome, vers 218)

Tout vient de Dieu. Le blé et le raisin sont don de Dieu. Le travail de l'homme en fait du pain et du vin.

Nous répondons :

BÉNI SOIT DIEU, MAINTENANT ET TOUJOURS !

Le prêtre verse le vin dans le calice ainsi qu'une goutte d'eau et il dit :

Comme cette eau se mêle au vin pour le sacrement de l'Alliance, puissions-nous être unis à la divinité de Celui qui a pris notre humanité.

Puis il prend le calice et offre le vin en disant :

Tu es béni, Dieu de l'univers, toi qui nous donnes ce vin, fruit de la vigne et du travail des hommes ; nous te le présentons : il deviendra le vin du Royaume éternel.

BÉNI SOIT DIEU, MAINTENANT ET TOUJOURS !

Il deviendra le pain de la Vie.

Comme l'eau dans le vin, soyons unis à Dieu.

Il deviendra le vin du Royaume éternel.

*Que ma prière
devant toi
s'élève
comme l'encens !*

*Seigneur,
purifie-moi.*

Parfois, le prêtre encense les offrandes et l'autel. Les mages ont offert l'encens à Jésus reconnaissant ainsi qu'il était le Fils de Dieu. L'encens signifie aujourd'hui que nous adressons ces offrandes à Dieu.

Le prêtre dit encore en s'inclinant :

Humbles et pauvres, nous te supplions, Seigneur, accueille-nous. Que notre sacrifice en ce jour, trouve grâce devant toi. *(cf. Ps 71,12)*

Rappelant le temps où il recevait en offrande les produits de la terre, le prêtre se lave les mains. Il fait aussi cela pour se purifier avant de refaire les gestes de Jésus et il dit :

Lave-moi de mes fautes, Seigneur, purifie-moi de mon péché.

Nous prions sur les offrandes

■ Maintenant nous nous levons, le prêtre nous invite à prier ensemble et avec toute l'Église.

Depuis son ordination, il renouvelle les gestes du Seigneur comme l'Église lui demande de le faire. Dieu, par son Esprit, va sanctifier nos offrandes qui vont devenir corps et sang du Christ.

Prions ensemble, au moment d'offrir le sacrifice de toute l'Église.

POUR LA GLOIRE DE DIEU ET LE SALUT DU MONDE. **(1 Jn 2,2)**

Le prêtre prie sur les offrandes que nous lui avons apportées et qu'il a présentées au Seigneur. Il dit par exemple :

> **Accepte Seigneur, les offrandes que nous avons apportées pour cette Eucharistie. Nous reconnaissons que c'est toi qui nous les a données. Qu'elles deviennent corps et sang du Christ pour transformer notre vie.**

Ou

> **Dans ta bonté, Seigneur, sanctifie par ton Esprit, ces dons que nous apportons. Permets que nous sachions, comme Jésus, donner notre vie par amour pour toi.**

Ou encore :

> **Regarde, Seigneur, les dons de ton Église en prière. Accorde à nous tous ici rassemblés, la grâce de partager ta vie.**

Par Jésus Christ, ton Fils, notre Seigneur et notre Dieu, qui vit et règne avec toi en l'unité du Saint Esprit, pour les siècles des siècles.

AMEN.

Seigneur, accepte nos offrandes.

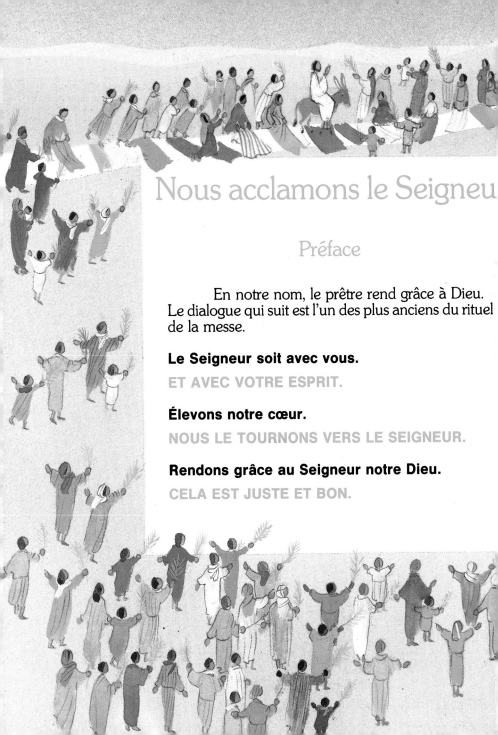

Nous acclamons le Seigneu

Préface

En notre nom, le prêtre rend grâce à Dieu. Le dialogue qui suit est l'un des plus anciens du rituel de la messe.

Le Seigneur soit avec vous.

ET AVEC VOTRE ESPRIT.

Élevons notre cœur.

NOUS LE TOURNONS VERS LE SEIGNEUR.

Rendons grâce au Seigneur notre Dieu.

CELA EST JUSTE ET BON.

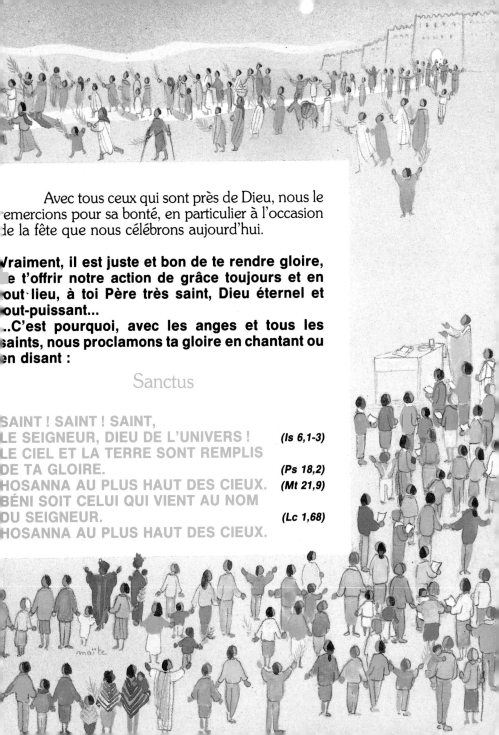

Avec tous ceux qui sont près de Dieu, nous le remercions pour sa bonté, en particulier à l'occasion de la fête que nous célébrons aujourd'hui.

Vraiment, il est juste et bon de te rendre gloire, e t'offrir notre action de grâce toujours et en out lieu, à toi Père très saint, Dieu éternel et out-puissant...

...C'est pourquoi, avec les anges et tous les saints, nous proclamons ta gloire en chantant ou en disant :

Sanctus

**SAINT ! SAINT ! SAINT,
LE SEIGNEUR, DIEU DE L'UNIVERS !** *(Is 6,1-3)*
**LE CIEL ET LA TERRE SONT REMPLIS
DE TA GLOIRE.** *(Ps 18,2)*
HOSANNA AU PLUS HAUT DES CIEUX. *(Mt 21,9)*
**BÉNI SOIT CELUI QUI VIENT AU NOM
DU SEIGNEUR.** *(Lc 1,68)*
HOSANNA AU PLUS HAUT DES CIEUX.

Noé.

Voici l'Alliance nouvelle
et éternelle.

Isaac.

Moïse.

David.

Voici la demeure de D...
parmi les hommes :
ils seront son peuple,

Tu es Pierre
et sur cette pierre
je bâtirai
mon Église.

Jésus.

Dieu avec eux
à leur Dieu.
(Ap 21,3)

« Jésus prit les cinq pains et les deux poissons puis rompant les pains, il les donna aux disciples qui les donnèrent aux foules. Tous mangèrent à satiété. »
(Mt 14, 19-20)

Sanctifie par ton Esprit.

Il y a plusieurs prières eucharistiques. L prêtre fait ce que Jésus, la veille de sa mort, demandé à son Église de refaire en son nom.

Depuis 2 000 ans, les prêtres ont été fidèl à respecter cette volonté du Seigneur, parfois a risque de leur vie. Partout dans le monde, l chrétiens continuent à célébrer l'amour du Seignei avec ces mêmes gestes et ces mêmes mots.

Nous prions Dieu d'envoyer son Esprit q donne la vie au monde et peut changer nos cœur qu'il transforme nos offrandes : le pain et le vin, e corps et sang du Christ.

**Toi qui es vraiment saint,
toi qui es la source de toute sainteté,
Seigneur, nous te prions.**

Le prêtre étend les mains sur le pain et le vi Pendant un baptême, c'est avec le même geste qu demande à l'Esprit de Dieu de fortifier le nouvea baptisé. C'est le geste de Jésus quand il guérissait l malades.

Sanctifie ces offrandes en répandant sur elle ton Esprit ; qu'elles deviennent pour nous l corps et le sang de Jésus, le Christ, not Seigneur.

Il prend le pain :

Au moment d'être livré et d'entrer librement dans sa passion, il prit le pain, il rendit grâce, il le rompit et le donna à ses disciples en disant :

« Prenez et mangez en tous, ceci est mon corps livré pour vous. » *(Mt 26,26 ; Lc 22,19)*

Ceci est mon corps...

Il l'élève pour nous le montrer. Nous le regardons, nous pouvons dire comme saint Thomas « mon Seigneur et mon Dieu » *(Jn 20,28),* puis nous nous inclinons, en signe de respect et d'adoration.

Il prend le calice :

De même à la fin du repas, il prit la coupe ; de nouveau il rendit grâce et la donna à ses disciples en disant :

« Prenez et buvez en tous, car ceci est la coupe de mon sang, le sang de l'Alliance nouvelle et éternelle, qui sera versé pour vous et pour la multitude en rémission des péchés. » *(Mt 26,27-28)*

ceci est mon sang.

Il rappelle que nous refaisons ces gestes à la demande de Jésus :

Vous ferez cela en mémoire de moi. *(Lc 22,19)*

Il élève le calice. Nous le regardons, puis nous nous inclinons en signe de respect et d'adoration du sang du Christ, et nous pouvons redire « mon Seigneur et mon Dieu ».

Vous ferez cela en mémoire de moi.

Nous rappelons ta mort.

Seigneur ressuscité.

Nous attendons que tu viennes.

Nous proclamons le mystère de la foi

Jésus vivant est parmi nous. Le prêtre nous invite à le chanter. Il peut choisir entre plusieurs acclamations, par exemple :

- **Il est grand le mystère de la foi.** *(1 Tim 3,9)*

  NOUS PROCLAMONS TA MORT,
  SEIGNEUR JÉSUS,
  NOUS CÉLÉBRONS TA RÉSURRECTION,
  NOUS ATTENDONS TA VENUE
  DANS LA GLOIRE. *(cf. 1 Pi 5,1)*

- **Quand nous mangeons ce pain et buvons à cette coupe, nous célébrons le mystère de la foi.**

  NOUS RAPPELONS TA MORT,
  SEIGNEUR RESSUCITÉ,
  ET NOUS ATTENDONS QUE TU VIENNES. *(1 Co 11,26)*

- **Proclamons le mystère de la foi.**

  GLOIRE A TOI QUI ÉTAIS MORT,
  GLOIRE A TOI QUI ES VIVANT,
  NOTRE SAUVEUR ET NOTRE DIEU :
  VIENS, SEIGNEUR JÉSUS ! *(Ap 22,20)*

- **Jésus Christ livré pour nous.** *(Rom 8,32)*

  JÉSUS CHRIST LIVRÉ POUR NOUS.

- Christ est venu, Christ est né,
  Christ a souffert, Christ est mort,
  Christ est ressuscité, Christ est vivant,
  Christ reviendra, Christ est là,
  Christ reviendra, Christ est là.

Jésus aujourd'hui s'offre pour nous

Comme Jésus nous l'a promis, il a envoyé on Esprit pour sanctifier nos offrandes. Le pain et le n deviennent maintenant corps et sang du Christ.

Il y a 2 000 ans, il est mort et ressuscité par nour pour nous afin de nous donner la Vie.

Il renouvelle pour nous ce sacrifice dans Église afin que nous nous y unissions. Nous le mercions de nous appeler à le servir.

C'est pourquoi, le prêtre dit, en levant les ains :

aisant ici mémoire de la mort et de la résurrection de ton Fils, nous t'offrons, Seigneur, le pain e la vie et la coupe du salut, et nous te rendons âce, car tu nous as choisis pour servir en ta ésence. *(Jn 15,16-17)*

A la Cène, comme sur la croix, Jésus veut ssembler dans le même Esprit tous les hommes, ans l'amour du Père. Sans lui nous en sommes capables.

La toute-puissance de l'amour de Dieu nous ermet d'être tous unis en Jésus-Christ.

Le prêtre poursuit :

umblement, nous te demandons qu'en ayant art au corps et au sang du Christ, nous soyons ssemblés par l'Esprit Saint en un seul corps. *(1 Co 12,27)*

Nous t'offrons le pain de la vie et la coupe du salut.

Tu nous as choisis pour servir en ta présence.

Nous prions pour l'Église
pour les défunts
et pour nous

L'Église tout entière est concernée par ce qu[e]
nous célébrons.

Nous prions pour ceux qui en ont la charg[e]

**Souviens-toi, Seigneur, de ton Église répandu[e]
à travers le monde : fais-la grandir dans [la]
charité avec le Pape..., notre évêque..., et tou[s]
ceux qui ont la charge de ton peuple.** *(1 Tim 2,1-[...])*

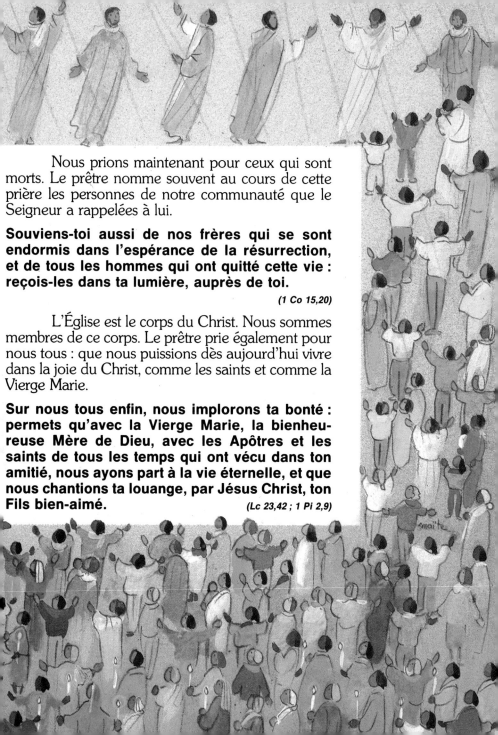

Nous prions maintenant pour ceux qui sont morts. Le prêtre nomme souvent au cours de cette prière les personnes de notre communauté que le Seigneur a rappelées à lui.

Souviens-toi aussi de nos frères qui se sont endormis dans l'espérance de la résurrection, et de tous les hommes qui ont quitté cette vie : reçois-les dans ta lumière, auprès de toi.

(1 Co 15,20)

L'Église est le corps du Christ. Nous sommes membres de ce corps. Le prêtre prie également pour nous tous : que nous puissions dès aujourd'hui vivre dans la joie du Christ, comme les saints et comme la Vierge Marie.

Sur nous tous enfin, nous implorons ta bonté : permets qu'avec la Vierge Marie, la bienheureuse Mère de Dieu, avec les Apôtres et les saints de tous les temps qui ont vécu dans ton amitié, nous ayons part à la vie éternelle, et que nous chantions ta louange, par Jésus Christ, ton Fils bien-aimé. **(Lc 23,42 ; 1 Pi 2,9)**

Le prêtre, seul, proclame solennellement en montrant le corps et le sang du Christ qu'il élève :

**PAR LUI,
AVEC LUI,
ET EN LUI,**

**A TOI,
DIEU LE PÈRE
TOUT-PUISSANT,
DANS L'UNITÉ
DU SAINT ESPRIT.**

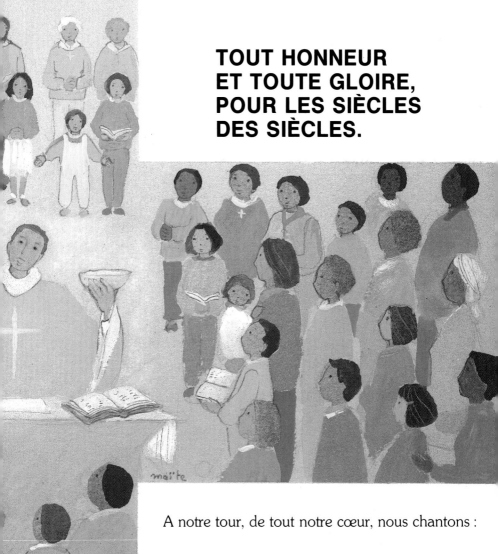

TOUT HONNEUR ET TOUTE GLOIRE, POUR LES SIÈCLES DES SIÈCLES.

A notre tour, de tout notre cœur, nous chantons :

AMEN !
AMEN !
AMEN ! *(Ep 3,20-21)*

Par lui, avec lui et en lu

L'Esprit de Dieu, que nous avons reçu à no
Avec lui nous pouvons dire sa priè

Le prêtre nous y invite :

Unis dans le même esprit, nous pouvons dire avec confiance la prière que nous avons reçue du Sauveur :

ou bien

Comme nous l'avons appris du Seigneur et selon son commandement, nous osons dire :

« Et il arriva, comme il était quelque part à prier, quand il eut cessé, qu'un de ses disciples lui dit : Seigneur, apprends-nous à prier, comme Jean l'a appris à ses disciples. Il leur dit : Lorsque vous priez, dites : Père... »

(Lc 11,1-2)

Notre Père qui es aux cieux,
   – Dieu aime chacun de nous comme un père – beaucoup mieux même que les pères de la terre. Il nous aime comme il aime Jésus.

que ton nom soit sanctifié,
   – Il est Dieu, tout ce qui est saint vient de lui. Avec nous, le monde est appelé à devenir saint.

que ton règne vienne,
   – Que tous connaissent la joie d'être enfants de Dieu. Ainsi nous construisons le Royaume de Dieu.

que ta volonté soit faite sur la terre comme au ciel.
   – Jésus nous dit : *« Je ne suis venu ni pour juger ni pour condamner, mais pour sauver. »*

(Jn 3,17)

La volonté du Seigneur est que nous vivions de son amour.

« Donne-nous aujourd'hui notre pain de ce jour... »

tême, fait de nous des frères. Il nous unit à Jésus.
e qu'il a apprise à ses disciples.

**Donne-nous aujourd'hui
notre pain de ce jour.**

    – « *Je suis le Pain vivant descendu du ciel*, dit Jésus. *Qui mange de ce pain, vivra à jamais et le pain que moi je donnerai, c'est ma chair pour la vie du monde.* » **(Jn 6, 51)**
« *L'homme ne vit pas seulement de pain, mais de toute parole qui sort de la bouche de Dieu.* »

                                        (Mt 4, 4)

**Pardonne-nous nos offenses, comme nous
pardonnons aussi à ceux qui nous ont offensés.**

    – Jésus, lui, sait pardonner. Seuls, nous n'y parvenons pas. Avec lui, nous en sommes capables.

**Et ne nous soumets pas à la tentation,
mais délivre-nous du Mal.**

    – « *Voilà que je fais le mal que je ne voudrais pas faire et que je ne fais pas le bien que je voudrais faire.* »**(Rom 7,19),** écrivait déjà Paul. Seul la force du Seigneur peut nous permettre de vivre autrement. Nous le lui demandons.

**Pardonne-nous
comme
nous pardonnons.**

Rends-nous forts dans la paix

Le prêtre continue la prière du Seigneur, le Notre Père. Il demande que libérés de tout mal, nous soyons forts dans notre vie de tous les jours ; que nous connaissions dès maintenant le bonheur qui sera le nôtre, quand l'Esprit nous rassemblera tous avec Jésus dans la gloire du Père.

Délivre-nous de tout mal, Seigneur, et donne la paix à notre temps ; par ta miséricorde, libère-nous du péché, rassure-nous devant les épreuves en cette vie où nous espérons le bonheur que tu promets et l'avènement de Jésus Christ, notre Sauveur. **(Tite 2,11-13)**

CAR C'EST A TOI QU'APPARTIENNENT LE RÈGNE, LA PUISSANCE ET LA GLOIRE POUR LES SIÈCLES DES SIÈCLES. **(Ap 5,13)**

La gloire de Dieu, c'est que nous vivions en frères. Or nous sommes tous habités par un esprit de refus des autres, de violence, de vengeance... Nous entendons parler de guerre, de divisions, de haine. Les chrétiens eux-mêmes sont divisés.

Jésus vient nous donner la paix, sa paix. Nous la lui demandons pour qu'elle ait place dans notre vie.

Seigneur Jésus Christ, tu as dit à tes Apôtres : « je vous laisse la paix, je vous donne ma paix » ;
ne regarde pas nos péchés mais la foi de ton Église ; pour que ta volonté s'accomplisse, donne-lui toujours cette paix, et conduis-la vers l'unité parfaite, toi qui règnes pour les siècles des siècles. *(Jn 14,27)*

AMEN.

Que la paix du Seigneur soit toujours avec vous.

ET AVEC VOTRE ESPRIT.

■ Si le prêtre nous y invite, nous donnons cette paix de Dieu, par un sourire, une poignée de mains ou un autre geste à ceux qui nous entourent, et nous la recevons :

Frères, dans la charité du Christ, donnez-vous la paix.

La paix du Christ. Amen.

Nous sommes invités

Tu connais l'histoire de Zachée. Jésus est venu chez lui, et cela a transformé sa vie.
Aujourd'hui, Jésus veut habiter chez nous.
Préparons-nous à le recevoir.

Le prêtre, entouré de ceux qui l'aideront pour la communion, dispose les coupes et les ciboires.

Pendant ce temps, nous prions avec les mots des foules qui suivaient Jésus en Palestine. Nous l'appelons du nom que Jean Baptiste lui a donné : l'AGNEAU de DIEU, l'innocent qui donne sa vie.

Voici
l'Agneau de Dieu...

AGNEAU DE DIEU
QUI ENLÈVES LE PÉCHÉ DU MONDE,
PRENDS PITIÉ DE NOUS.

AGNEAU DE DIEU
QUI ENLÈVES LE PÉCHÉ DU MONDE,
PRENDS PITIÉ DE NOUS.

AGNEAU DE DIEU
QUI ENLÈVES LE PÉCHÉ DU MONDE,
DONNE-NOUS LA PAIX.

(Cf. Jn 1,29)

... qui enlève le péché
du monde.

« Zachée, descends vite,
car il me faut
aujourd'hui
demeurer chez toi. »
(Lc 19,5)

Le prêtre se recueille.

Seigneur Jésus Christ,
Fils du Dieu vivant,
selon la volonté du Père
et avec la puissance du Saint Esprit,
tu as donné, par ta mort, la vie au monde ;
que ton corps et ton sang me délivrent
de mes péchés et de tout mal ;
fais que je demeure fidèle
à tes commandements
et que jamais je ne sois séparé de toi.

u repas du Seigneur

*Heureux les invités
au repas du Seigneur.*

Le prêtre fait une génuflexion et prend le pain consacré. Il nous montre encore une fois le corps du Christ que nous allons recevoir et partager.

**Heureux les invités au repas du Seigneur !
Voici l'Agneau de Dieu,
qui enlève le péché du monde.** *(Cf. Ap 19,9)*

Avec lui, nous disons la prière du centurion qui venait demander à Jésus de guérir son serviteur.

SEIGNEUR, JE NE SUIS PAS DIGNE DE TE RECEVOIR ; MAIS DIS SEULEMENT UNE PAROLE ET JE SERAI GUÉRI. *(Lc 7,6-7)*

*Seigneur,
je ne suis pas digne
de te recevoir...*

Il communie au corps du Christ.
**Que le corps du Christ
me garde pour la vie éternelle.**

Il communie au sang du Christ
**Que le sang du Christ
me garde pour la vie éternelle.**

*... mais dis seulement
une parole et je serai
guéri.*

■ Les personnes qui désirent communier s'avancent vers l'autel. Si tu es prêt à communier aujourd'hui, tu t'avances avec les autres.

Tu remarqueras que les fidèles avancent en procession, les mains jointes ou les bras croisés. Entrer dans cette procession, c'est affirmer qu'on entre dans le corps du Christ.

Quand c'est à toi de communier, « fais de ta main gauche un trône pour ta main droite puisque celle-ci doit recevoir le Roi, et dans le creux de la main reçois le corps du Christ en disant " amen " » (d'après saint Cyrille). Pour accueillir le Seigneur, tu peux aussi ouvrir la bouche et tendre la langue pour recevoir l'hostie.

Le prêtre te dit :

Le corps du Christ.

Tu réponds :

AMEN.

Tu regagnes ta place.

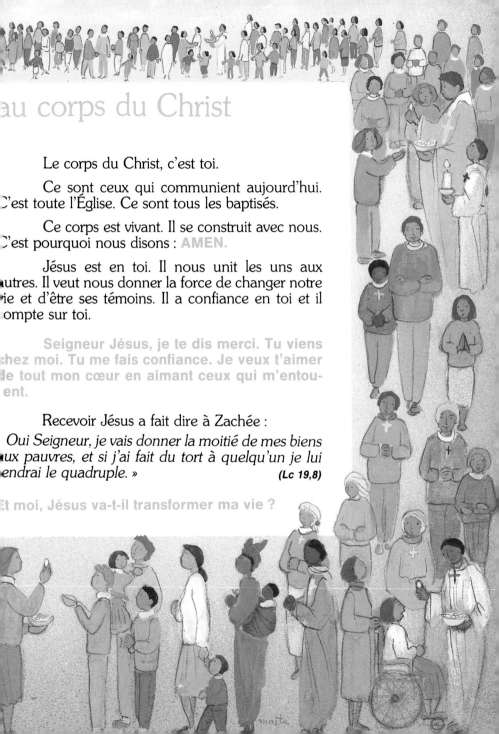

Le corps du Christ, c'est toi.

Ce sont ceux qui communient aujourd'hui.
C'est toute l'Église. Ce sont tous les baptisés.

Ce corps est vivant. Il se construit avec nous.
C'est pourquoi nous disons : AMEN.

Jésus est en toi. Il nous unit les uns aux
autres. Il veut nous donner la force de changer notre
vie et d'être ses témoins. Il a confiance en toi et il
compte sur toi.

Seigneur Jésus, je te dis merci. Tu viens
chez moi. Tu me fais confiance. Je veux t'aimer
de tout mon cœur en aimant ceux qui m'entourent.

Recevoir Jésus a fait dire à Zachée :
*Oui Seigneur, je vais donner la moitié de mes biens
aux pauvres, et si j'ai fait du tort à quelqu'un je lui
rendrai le quadruple. »*   **(Lc 19,8)**

Et moi, Jésus va-t-il transformer ma vie ?

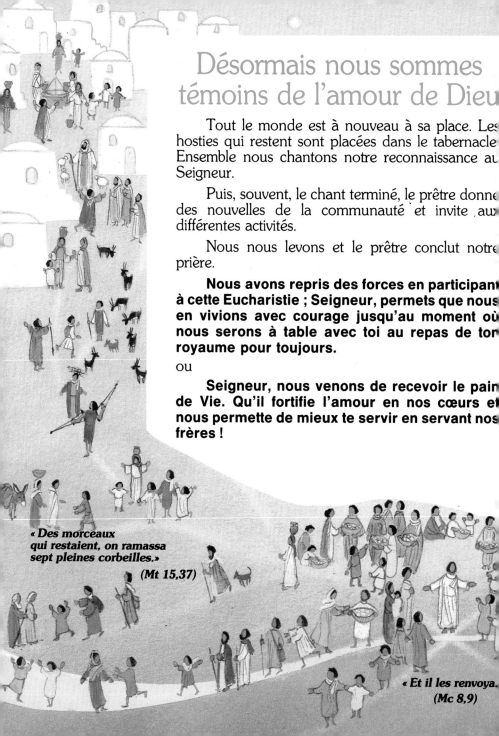

Désormais nous sommes témoins de l'amour de Dieu

Tout le monde est à nouveau à sa place. Les hosties qui restent sont placées dans le tabernacle. Ensemble nous chantons notre reconnaissance au Seigneur.

Puis, souvent, le chant terminé, le prêtre donne des nouvelles de la communauté et invite aux différentes activités.

Nous nous levons et le prêtre conclut notre prière.

Nous avons repris des forces en participant à cette Eucharistie ; Seigneur, permets que nous en vivions avec courage jusqu'au moment où nous serons à table avec toi au repas de ton royaume pour toujours.

ou

Seigneur, nous venons de recevoir le pain de Vie. Qu'il fortifie l'amour en nos cœurs et nous permette de mieux te servir en servant nos frères !

« Des morceaux qui restaient, on ramassa sept pleines corbeilles.»
(Mt 15,37)

« Et il les renvoya.
(Mc 8,9)

Parfois, le prêtre appelle les fidèles qui portent
la communion aux malades. Il leur confie le corps du
Christ.

C'est toi, Seigneur, qui nous as choisis, tu nous
appelles tes amis ; fais de nous les témoins de ton
amour.

Le Seigneur soit avec vous.
ET AVEC VOTRE ESPRIT.

Le prêtre nous bénit. Tu reçois la bénédiction en
faisant le signe de la croix.

Que Dieu tout-puissant vous bénisse,
      le Père,
      le Fils
      et le Saint Esprit.   **AMEN.**

Allez, dans la paix du Christ.
NOUS RENDONS GRÂCE A DIEU.

Nous sommes dans la joie.
Nous avons partagé l'amour de Dieu.
Nous repartirons sur les chemins de la vie :
à la maison, à l'école, partout.

      « Magnifique est le Seigneur,
      Tout mon cœur pour chanter Dieu. »

Allez donc, de toutes
  nations faites
  disciples.»

      (Mt 28, 19)

Prière eucharistique III

Nous demandons à Dieu de nous rassembler :

Tu es vraiment saint, Dieu de l'univers, et toute la création proclame ta louange, car c'est toi qui donnes la vie, c'est toi qui sanctifies toutes choses, par ton Fils, Jésus Christ, notre Seigneur, avec la puissance de l'Esprit Saint ; et tu ne cesses de rassembler ton peuple, afin qu'il te présente partout dans le monde, une offrande pure.

Nous demandons à l'Esprit de Dieu de transformer nos offrandes :

C'est pourquoi nous te supplions de consacrer toi-même les offrandes que nous apportons. Sanctifie-les par ton Esprit pour qu'elles deviennent le corps et le sang de ton Fils, Jésus Christ, notre Seigneur, qui nous a dit de célébrer ce mystère.

Nous rappelons ce que Jésus a fait :

La nuit même où il fut livré, il prit le pain, en te rendant grâce il le bénit, il le rompit et le donna à ses disciples, en disant :
« *Prenez, et mangez-en tous,*
***ceci est mon corps livré pour vous.* »**

De même, à la fin du repas, il prit la coupe, en te rendant grâce il la bénit, et la donna à ses disciples, en disant :

« Prenez, et buvez-en tous, car ceci est la coupe de mon sang, le sang de l'Alliance nouvelle et éternelle, qui sera versé pour vous et pour la multitude en rémission des péchés. Vous ferez cela, en mémoire de moi. »

Nous acclamons :

Il est grand, le mystère de la foi.

NOUS PROCLAMONS TA MORT, SEIGNEUR JÉSUS,
NOUS CÉLÉBRONS TA RÉSURRECTION,
NOUS ATTENDONS TA VENUE DANS LA GLOIRE.

ou encore :

Proclamons le mystère de la foi.

GLOIRE A TOI QUI ÉTAIS MORT,
GLOIRE A TOI QUI ES VIVANT,
NOTRE SAUVEUR ET NOTRE DIEU :
VIENS SEIGNEUR JÉSUS !

Le prêtre continue :

En faisant mémoire de ton Fils, de sa passion qui nous sauve, de sa glorieuse résurrection et de son ascension dans le ciel, alors que nous attendons son dernier avènement, nous présentons cette offrande vivante et sainte pour te rendre grâce.

Nous prions pour être unis par l'Esprit de Dieu :

Regarde, Seigneur, le sacrifice de ton Église, et daigne y reconnaître celui de ton Fils qui nous a rétablis dans ton Alliance ; quand nous serons nourris de son corps et de son sang et remplis de l'Esprit Saint, accorde-nous d'être un seul corps et un seul esprit dans le Christ.

Nous prions avec les saints :

Que l'Esprit Saint fasse de nous une éternelle offrande à ta gloire, pour que nous obtenions un jour les biens du monde à venir, auprès de la Vierge Marie, la bienheureuse Mère de Dieu, avec les Apôtres, les martyrs, (saint...) et tous les saints, qui ne cessent d'intercéder pour nous.

Nous prions pour le monde et pour l'Église :

Et maintenant, nous te supplions, Seigneur ; par le sacrifice qui nous réconcilie avec toi, étends au monde entier le salut et la paix. Affermis la foi et la charité de ton Église au long de son chemin sur la terre ; veille sur ton serviteur le Pape ..., et notre évêque..., l'ensemble des évêques, les prêtres, les diacres et tout le peuple des rachetés. Écoute les prières de ta famille assemblée devant toi, et ramène à toi, Père très aimant, tous tes enfants dispersés.

Nous prions pour les morts :

Pour nos frères défunts, pour les hommes qui ont quitté ce monde, et dont tu connais la droiture, nous te prions : reçois-les dans ton Royaume, où nous espérons être comblés de ta gloire, tous ensemble et pour l'éternité, par le Christ, notre Seigneur, par qui tu donnes au monde toute grâce et tout bien.

Par lui, avec lui et en lui, à toi, Dieu le Père tout-puissant dans l'unité du Saint Esprit, tout honneur et toute gloire pour les siècles des siècles.·
AMEN.

Prière eucharistique III
pour assemblées d'enfants

Préface

Père, nous te disons merci, nous te rendons grâce ; c'est toi qui nous as créés ; et tu nous appelles à vivre pour toi, à nous aimer les uns les autres. Nous pouvons nous rencontrer, parler ensemble. Grâce à toi, nous pouvons partager nos difficultés et nos joies.

A cause de cela, Dieu notre Père, nous sommes heureux de te rendre grâce tous ensemble. Avec ceux qui croient en toi, avec les saints et les anges, nous te louons en chantant :

SAINT ! SAINT ! SAINT, LE SEIGNEUR,
DIEU DE L'UNIVERS !
LE CIEL ET LA TERRE SONT REMPLIS DE TA GLOIRE.
HOSANNA AU PLUS HAUT DES CIEUX.
BÉNI SOIT CELUI QUI VIENT AU NOM DU SEIGNEUR.
HOSANNA AU PLUS HAUT DES CIEUX.

Oui, Dieu, tu es saint, tu es bon pour nous, tu es bon pour tous les hommes. Nous te disons merci, et nous voulons surtout te rendre grâce à cause de Jésus, ton Fils.

Il est venu chez les hommes qui se détournent de toi et n'arrivent pas à s'entendre. Par l'Esprit Saint, il ouvre nos yeux et nos oreilles, il change notre cœur : alors nous arrivons à nous aimer, et nous reconnaissons que tu es notre Père et que nous sommes tes enfants.

C'est lui, Jésus, le Christ, qui nous rassemble maintenant autour de cette table où nous apportons notre offrande.

Que Dieu sanctifie nos offrandes :

Sanctifie, Père très bon, ce pain et ce vin : ils deviendront pour nous le corps et le sang de Jésus, ton Fils, qui nous dit de faire à notre tour ce qu'il a fait lui-même la veille de sa passion.

Nous rappelons ce que Jésus a fait :

Au cours du dernier repas qu'il partageait avec ses disciples, Jésus prit le pain. Il te rendit grâce. Il partagea le pain et le donna à ses amis en leur disant :
« *Prenez, et mangez-en tous : ceci est mon corps, livré pour vous.* »

Il prit aussi la coupe de vin. Il te rendit grâce. Il donna la coupe à ses amis, en leur disant :
« *Prenez, et buvez-en tous, car ceci est la coupe de mon sang, le sang de l'Alliance nouvelle et éternelle, qui sera versé pour vous et pour la multitude en rémission des péchés.* »

Il leur dit aussi : « *Vous ferez cela, en mémoire de moi.* »

Voilà pourquoi nous sommes ici, rassemblés devant toi, Père. Et tout remplis de joie, nous rappelons ce que Jésus a fait pour nous sauver : dans cette offrande qu'il a confiée à l'Église, nous célébrons sa mort et sa résurrection ; Père du ciel, accueille-nous avec ton Fils bien-aimé.

Pour nous, Jésus a voulu donner sa vie. Toi, tu l'as ressuscité. Nous t'acclamons :

DIEU, TU ES BON ! LOUÉ SOIS-TU ! GLOIRE A TOI !

Il vit maintenant près de toi. Il est avec nous toujours et partout.

DIEU, TU ES BON ! LOUÉ SOIS-TU ! GLOIRE A TOI !

Un jour, il viendra dans la gloire du Royaume. Il n'y aura plus de gens tristes, malades ou malheureux.

DIEU, TU ES BON ! LOUÉ SOIS-TU ! GLOIRE A TOI !

Père, nous allons recevoir à cette table, dans la joie de l'Esprit Saint, le corps et le sang du Christ : que cette communion nous rende capables de vivre comme Jésus, entièrement donné à toi et aux autres. Viens en aide, Seigneur, à notre Pape ..., à notre évêque..., et à tous les évêques.

Accorde-nous, et à tous les disciples de Jésus Christ, d'être de ceux qui font la paix et le bonheur autour d'eux. Et puis donne-nous un jour d'être près de toi, avec la Vierge Marie, la Mère de Dieu, et avec les saints du ciel, tous ensemble, dans le Christ.

Par lui, avec lui et en lui, à toi Dieu le Père tout-puissant, dans l'unité du Saint Esprit, tout honneur et toute gloire pour les siècles des siècles.

AMEN.

Introduction au sacrement de pénitence et de réconciliation

Il y a bien longtemps, Pierre pêchait des poissons dans le lac de Tibériade. Jésus passait par là ; il voit Pierre et l'appelle : « **Suis-moi** » *(Mt 4,19)*. Pierre a tout laissé ; il avait tellement envie de rester près de Jésus.

Et puis voilà qu'un jour, Pierre était encore sur un bateau. Il voit Jésus qui vient à lui en marchant sur l'eau. Jésus l'appelle à nouveau : « **Viens !** » *(Mt 14,29)* Pierre quitte la barque et marche sur la surface de l'eau. Mais il a un doute : Si ce n'était pas Jésus qui m'appelait ? Pierre s'enfonce alors dans l'eau, mais aussitôt Jésus vient et lui tend la main : « **Homme de peu de foi, pourquoi as-tu douté ?** » *(Mt 14,31)*

Un autre jour, Jésus demande à Pierre : « **Et toi, qui dis-tu que je suis ?** » et Pierre répond : « **Tu es le Christ, le Fils du Dieu vivant !** » *(Mt 16,15-16)* Pierre aime Jésus, il lui promet de le suivre toujours : « **Je donnerais ma vie pour toi.** *(Jn 13,37)* » Mais on vient arrêter Jésus, et on l'emmène pour le juger. Et trois fois, parce qu'il a peur, Pierre dira qu'il ne connaît pas Jésus. Pourtant, après sa Résurrection, Jésus montre encore sa confiance à Pierre ; il lui demande : « **M'aimes-tu ?** » *(Jn 21,15)* Pierre a mal d'avoir renié Jésus, il regrette son attitude. Jésus lui pardonne, il lui confie son Église.

Nous aussi, un jour, nous avons voulu suivre Jésus. Ou bien ce sont nos parents qui ont voulu que nous prenions le chemin de Jésus : nous avons été baptisés. Mais parfois nous nous écartons du chemin, et il nous arrive d'oublier, de douter, de tomber.

Comme Pierre, Jésus nous appelle à sa suite. Et de même qu'il a pardonné à Pierre qui lui disait **« tu sais bien que je t'aime »**, de même il veut nous pardonner si nous savons lui dire que nous l'aimons. C'est pour cela qu'il a dit aux apôtres, et à leurs successeurs, le Pape, les évêques et les prêtres :

    « Comme le Père m'a envoyé, moi aussi je vous envoie.
Recevez l'Esprit Saint.
    Ceux à qui vous remettrez les péchés, ils leur seront remis. » *(Jn 20, 21-23)*

Jésus a toujours pardonné à ceux qui se tournaient vers lui. Aujourd'hui encore, si nous le lui demandons, il nous donne son pardon par l'intermédiaire de l'Église : c'est le sacrement de pénitence et de réconciliation.

Un sacrement est un geste par lequel le Seigneur agit aujourd'hui dans son Église. Lors de notre baptême, il nous a appelés chacun par son nom, nous reconnaissant comme ses enfants, et nous donnant son Esprit.

Cette vie d'enfant de Dieu, nous avons du mal à la vivre ; c'est pourquoi, quand nous allons à la messe, nous avons besoin de demander pardon :

– au début de la messe, en disant « je confesse à Dieu... », et en chantant « Seigneur, prends pitié... »

– avant de communier, en reconnaissant, comme le centurion romain : « Seigneur, je ne suis pas digne de te recevoir, mais dis seulement une parole, et je serai guéri ! »

Mais il y a aussi des événements importants dans notre vie et dans la vie de l'Église, des fêtes ; pour bien nous y préparer, nous recevons le sacrement du pardon.

4. Je me prépare à recevoir le sacrement de pénitence et de réconciliation.

Il est bon de recevoir ce sacrement avant les grandes fêtes, pour préparer notre cœur à la célébration à laquelle Dieu nous invite. Mais c'est important de le recevoir aussi à d'autres moments.

Tu peux aller trouver un prêtre, dans l'église ou chez lui, tu peux participer aux célébrations organisées dans le cadre du catéchisme, mais n'oublie pas que Jésus te demande, à toi aussi, **« m'aimes-tu ? »**

Avant de rencontrer le prêtre, il faut te préparer, « habiller ton cœur », comme disait le renard au petit prince. Quelques textes de la Bible vont t'aider à éclairer ta vie au regard de Jésus.

Un des livres les plus anciens de la Bible nous dit :

« Écoute : Dieu est le seul.
Tu aimeras Dieu de tout ton cœur,
de toute ton âme, de toutes tes forces.
Tu répéteras ces paroles à la maison,
ou quand tu marches sur la route,
couché aussi bien que debout.
Tu les attacheras à ta main comme un signe,
à ton front comme un bandeau. »   *(Dt 6,4-8)*

– est-ce que j'aime Dieu, est-ce que je pense à lui ?
– est-ce que je lui parle, est-ce que je le prie ?
– est-ce que je sais lui dire, en pensant à ce que je dis :
  « Notre Père » ?

– qu'ai-je fait pour Dieu, qu'est-ce que je n'ai pas fait ?
– ai-je oublié, ai-je voulu oublier qu'Il est près de moi ?
– est-ce que je pense que c'est lui que je vais rencontrer,
  chaque fois que je vais à la messe ?
– est-ce que je suis fidèle ? est-ce que je sais rester près de
  lui, comme lui reste près de moi ?

Jésus racontait cette histoire :
« Un jour, avant de partir en voyage, un homme appela ses
serviteurs. Et il leur confia sa fortune. A son retour, il les
appelle un par un et leur demande ce qu'ils ont fait des biens
qu'il leur avait confiés... »

                                                    (Mt 25, 14-30)

Dieu m'a confié, à moi aussi, des « talents ». Qu'est-ce que j'en fais ?

- – est-ce que je pense aux autres, à ceux qui ont moins de chance que moi dans la vie ?
- – est-ce que je respecte ce qui appartient aux autres ?
- – Dieu m'a donné **l'intelligence** ; est-ce que je m'en sers pour tricher, pour juger les autres, les mépriser, ou bien pour les aider quand ils ne comprennent pas ?
- – Dieu m'a donné **la force** ; est-ce que je m'en sers pour me venger, ou pour secourir les plus faibles ?
- – Dieu m'a donné **la santé** ; qu'est-ce que j'ai fait pour ceux qui sont malades, vieux, isolés ?
- – Dieu m'a donné **une famille** ; est-ce que je fais confiance, est-ce que je sais accepter ce qu'on me demande ; est-ce que j'aide à la maison, est-ce que je sais rendre service ; est-ce que je parle correctement à mes parents, est-ce que j'essaie d'aider mes camarades qui n'ont pas de famille ?
- – Dieu m'a donné **des amis** ; est-ce que je sais l'en remercier, est-ce que j'accepte que d'autres rejoignent mon groupe d'amis ?
- – Dieu m'a donné **la parole** ; est-ce que je m'en sers pour me moquer des autres, pour être grossier ; est-ce que je dis la vérité, ou est-ce que je la cache par les mensonges ?
- – Dieu m'a donné **la foi du baptême** ; est-ce que je sais être chrétien avec les autres, et dire ma foi sans avoir honte ?

Saint Paul nous dit :

« Ne savez-vous pas que votre corps est le temple du Saint Esprit qui est en vous et qui vous vient de Dieu » *(1Co 6,19)*
ou encore : **« Vous êtes l'image et la gloire de Dieu. »***(1Co 11,7)*
– quand tout va bien, est-ce que je sais remercier Dieu ?
– quand tout va mal, est-ce que je demande à Dieu de m'aider à ne pas faire de bêtises et à garder confiance en lui ?
– est-que j'ai le souci d'être propre, de respecter mon corps, qui recevra le corps du Christ dans la communion, et qui est à l'image de Dieu ?
– est-ce que je sais m'arrêter de manger, lorsque cela devient de la gourmandise ?
– est-ce que je suis capable de ne pas prendre un chewing-gum ?
– est-ce que je sais dire non si on me propose une cigarette ?
– est-ce que je sais pardonner quand on m'a fait du mal, ou est-ce que je garde de la rancune dans mon cœur ?

5. Je reçois le sacrement de pénitence et de réconciliation.

Je vais rencontrer un prêtre. Jésus a toujours dit son pardon à ceux qui le lui demandaient. Et il a confié aux prêtres la mission de réconcilier les hommes avec Dieu. C'est le pardon de Dieu que je vais recevoir du prêtre.
A cause de cela, je commence par faire le signe de croix :
Au nom du Père, et du Fils, et du Saint Esprit, AMEN.

Puis je dis au prêtre ce que je veux réconcilier avec Dieu, ce que je demande à Dieu de me pardonner.
J'écoute ce que me dit le prêtre qui m'accueille, et je le regarde quand il me donne le pardon de Dieu **« au nom du Père, et du Fils, et du Saint Esprit »** et je réponds : AMEN.
Le prêtre me dit : **« Va en paix. »** Je retourne à ma place, et je reste un petit moment pour remercier Dieu du pardon qu'il me donne. J'essaie de réfléchir à ce que je pourrais faire pour mieux vivre ma vie de chrétien.

6. Je veux vivre ce sacrement dans toute ma vie...

Merci, mon Dieu, de me donner ton pardon ; comme Pierre, moi aussi je veux te suivre. Et comme François d'Assise, je veux être un témoin de ton amour :

Seigneur, fais de moi un instrument de ta paix.
Là où est la haine, que je mette l'amour ;
là où est l'offense, que je mette le pardon ;
là où est la discorde, que je mette l'union ;
là où est l'erreur, que je mette la vérité ;
là où est le doute, que je mette la foi ;
là où est le désespoir, que je mette l'espérance ;
là où sont les ténèbres, que je mette la lumière ;
là où est la tristesse, que je mette la joie.

Fais, Seigneur, que je ne cherche pas tant
à être consolé qu'à consoler,
à être compris qu'à comprendre,
à être aimé qu'à aimer.

Car c'est en donnant que l'on reçoit,
en s'oubliant soi-même que l'on se trouve soi-même,
en pardonnant que l'on obtient le pardon,
en mourant que l'on ressuscite à l'éternelle vie.

Achevé d'imprimer en mars 2001
par l'imprimerie Campin à Tournai (Belgique)
N° d'Edition : 01020
Dépôt légal : avril 2001